Inhalt

Strengerer Datenschutz - Online-Händler befürchten empfindliche Einkommensverluste

Kernthesen

Beitrag

Fallbeispiele

Weiterführende Literatur

Impressum

Strengerer Datenschutz - Online-Händler befürchten empfindliche Einkommensverluste

Harald Reil

Kernthesen

- Die EU-Kommissarin Viviane Reding pocht auf einen strengeren Schutz der Daten von Internetusern und legt einen entsprechenden Gesetzesentwurf vor.
- Der Online-Handel reagiert nervös und fürchtet massive Nachteile.
- Eine EU-weite Datenschutzregelung hat aber auch positive Seiten. Dazu zählen Einsparungen in Milliardenhöhe dank

weniger Bürokratie.
- Bis das Gesetz umgesetzt werden muss, haben Online-Händler noch eine Verschnaufpause: Experten denken, dass sie bis 2016 dauern wird.

Beitrag

EU-Kommissarin Viviane Reding schreckt Internethändler auf

Wie fast jede neue Entwicklung hat auch das Internet zwei Gesichter: Einerseits hat die revolutionäre Technologie der Menschheit eine Wissensexplosion ohnegleichen beschert und Möglichkeiten der Zusammenarbeit entwickelt, deren wirtschaftliche Folgen wir noch gar nicht abschätzen können. Andererseits droht das Netz der Netze zu einem allwissenden Superhirn zu mutieren, das jeden digitalen Fußabdruck seiner User speichert - Fehltritte inklusive. Dieses Big-Brother-Szenario stößt nicht nur Lieschen Müller sauer auf, sondern ruft auch Politiker auf den Plan. In Deutschland hat sich vor allem Verbraucherschutzministerin Ilse Aigner des Themas angenommen. Es ist besonders Facebook, das ihr die Zornesröte ins Gesicht treibt, da der laxe

Umgang des Internetgiganten mit den Daten seiner User nicht einmal annähernd den strengen deutschen Datenschutzbestimmungen gerecht wird. Aber auch in Brüssel beobachten Politiker den Umgang mit Userdaten schon seit längerer Zeit mit Argusaugen. Die verantwortliche EU-Kommissarin Viviane Reding hat angesichts des wachsenden Unbehagens vor dem allwissenden Internet vor wenigen Wochen ein Papier vorgelegt, das den Bürger und seine Daten besser schützen soll. Unternehmen, die mit dem Internet ihr Geld verdienen, sind davon alles andere als erbaut; verständlicherweise, denn weniger Daten sind gleichbedeutend mit einem schlechteren Geschäft - und das heißt Verluste in Milliardenhöhe. [(1)](), [(2)](), [(8)]()

Was sind personenbezogene Daten?

Für Aufregung sorgte vor allem Redings Wunsch, sorgsamer mit personenbezogenen Daten umzugehen - sehr zum Unmut des Bundesverbandes "Digitale Wirtschaft". Er befürchtet, dass in Zukunft auch jeder noch so kleine Datenschnipsel als personenbezogen anzusehen ist und daher nur nach vorheriger Zustimmung des Users verwendet werden darf. Die EU-Kommissarin hat zwar mittlerweile versucht, die Bedenken des Bundesverbandes zu zerstreuen. Gelungen scheint ihr das allerdings nicht zu sein. Das ist auch kein Wunder, denn es gibt noch eine ganze Reihe weiterer Punkte, die klärungsbedürftig sind. Darunter fällt zum Beispiel der Umgang mit Cookies. Wer darf sie in Zukunft verwenden? Nur der Betreiber einer Website oder auch Agenturen und Kunden? Da ohne diese kleinen "Spione" ein erfolgreicher Internethandel kaum vorstellbar ist, wäre eine Nutzungsbeschränkung daher für viele Unternehmen fatal. Ebenfalls heftig umstritten sind die "Location Based Services", die Smartphone-Nutzern Produkt- und Service-Angebote abhängig von ihrem gegenwärtigen Standort zukommen lassen. Viviane Reding scheint diese Vorstellung der Verortbarkeit nicht ganz geheuer zu sein. Anbieter fürchten um ihr Geschäft. (3)

Ein Sieg für den Datenschutz

Wie auch immer die neue Datenschutzrichtlinie im Detail aussehen wird, sie wird mit höchster Wahrscheinlichkeit eher die Interessen der Bürger berücksichtigen als jene der Industrie. Den Unternehmen wird dies das Leben schwerer machen. Sie leben von den Daten, die sich mithilfe der neuen Technologien generieren lassen. Am liebsten wäre ihnen daher auch der "gläserne Kunde", der keine Geheimnisse mehr hat. Denn sind seine Vorlieben und Neigungen bekannt, lassen sich Kampagnen kreieren, die ihm auf dem Leib geschneidert sind. Die Vorteile liegen klar auf der Hand: Zielgerichtete Werbung senkt die Kosten und erhöht den Profit. Für den Kunden allerdings ist zu viel Transparenz ein zweischneidiges Schwert. Einerseits sind für ihn punktgenaue Angebote natürlich viel verlockender als unsortierter Werbemüll. Andererseits gibt er vielleicht Geld für Produkte oder Dienstleistungen aus, die ihm sonst vielleicht gar nicht in den Sinn gekommen wären. Besonders zu schaffen aber macht ihm das mulmige Gefühl, das ihn beschleicht, wenn er offensichtlich bis in seine innersten Gedanken hinein ausspioniert wird. Auf dieses Unbehagen hat Viviane Reding mit ihrem Papier reagiert. Damit sich Datensünder, sobald das Gesetz in Kraft tritt, auch wirklich an die schärferen Bestimmungen halten, hat die EU-Kommissarin empfindliche Strafen gegen Verstöße angekündigt. Sie fordert Geldbußen in Höhe von bis zu einer Million Euro oder von bis zu fünf Prozent des Jahresumsatzes. (3), (5)

Einheitliches Datenschutzgesetz hat auch positive Seiten

Über all dem Hick-Hack vergisst man allzu leicht, dass das geplante EU-weite Datenschutzgesetz auch positive Folgen für den Internethandel hat. Reding führt beispielsweise ins Feld, dass eine einheitliche Regelung für die EU-Mitgliedsländer den Unternehmen hilft, Geld zu sparen. In Summe spricht sie von rund 2,3 Milliarden Euro. Wenn auch einige Skeptiker vorsichtig den Zeigefinger heben und darauf hinweisen, dass sich die Wahrheit dieser Behauptung erst noch erweisen müsse, unterstützen sie dennoch das Argument der EU-Kommissarin. Wenn die Online-Wirtschaft tatsächlich weiter wachsen will, ist es nur klug, Sonderregelungen für einzelne Staaten hinter sich zu lassen. (4)

Verschnaufpause bis voraussichtlich 2016

Bis Viviane Redings Vorschläge in ein EU-weites Gesetz gegossen sind, fließt allerdings noch viel Wasser die Senne hinunter. Brüsseler Legislativverfahren sind notorisch langwierig und ziehen sich über Jahre hin. Denn als nächstes muss erst einmal die EU-Kommission über das Papier ihres Mitglieds diskutieren und sich auf ein einheitliches Regelwerk verständigen. Dieses wird anschließend dem EU-Parlament vorgelegt. Die verschiedenen Parteien versuchen dann in einem langwierigen Abstimmungsprozess ihre Vorstellungen in den Vorschlag für den Gesetzestext einfließen zu lassen. Doch damit ist der Prozess noch immer nicht abgeschlossen. Denn ausschlaggebend ist erst das Wort des Rates der Europäischen Union, der sich aus Vertretern der einzelnen Mitgliedsländer zusammensetzt. Der Online-Handel kann also auf eine längere Verschnaufpause hoffen, da es höchst unwahrscheinlich ist, dass die endgültigen Regeln vor 2014 verabschiedet werden. Von diesem Zeitpunkt an wird es voraussichtlich weitere zwei Jahre dauern, bis Unternehmen das Gesetz europaweit umsetzen müssen. Das sollte Zeit genug für Pläne sein, die ihnen erlauben, auch unter strikteren Datenschutzbedingungen ihre Schäfchen ins Trockene zu bringen. (1)

Trends

Experten raten Unternehmen zu aktivem Vertrauensaufbau

Unternehmen sollten die geplanten schärferen Datenschutzregelungen etwas wohlwollender aufnehmen, als sie es bisher getan haben. Es ist eine unbestrittene Tatsache, dass Internetuser sich zwar gerne des Mediums bedienen, um alle möglichen Dienstleistungen in Anspruch zu nehmen, ganz wohl in ihrer Haut fühlen sie sich dabei aber nicht. Schon aus diesem Grund ist es für Unternehmen ein Gebot der Stunde, aktiv auf ihre Kunden zuzugehen und eine Datenschutzpolitik zu etablieren, die klar und eindeutig ist, sich also nicht unter Kleingedrucktem versteckt. Damit würden sie der gegenwärtigen scharf geführten Debatte auch den Wind aus den Segeln nehmen. Der Vertrauensaufbau würde sich außerdem positiv auf das Geschäft auswirken. Haben Kunden einen unmittelbaren Nutzen, stellen sie ihre Daten auch freiwillig zur Verfügung. Social-Media-Plattformen belegen diese These eindrucksvoll. Fachleute raten Unternehmen daher, entsprechende proaktive Angebote zu entwickeln. Denkbar sind zum Beispiel Coupons, Nachlässe auf Waren, Services oder auch Zusatzcontent. (4)

Fallbeispiele

Deutschlands Microsoft-Chef spricht sich gegen Facebook aus

Ralph Haupter, Chef von Microsoft Deutschland, unterstützt Viviane Redings Forderung nach einer EU-weiten Regelung des Datenschutzes, wenngleich er vor der Gefahr einer Überregulierung warnt. Gleichzeitig spricht er sich offen gegen Facebooks leichtfertigen Umgang mit Userdaten aus. Die Social-Media-Plattform müsse nicht nur offenlegen, was mit den Daten geschehe, sie sollte den Nutzern auch die Möglichkeit einräumen, ihre Einträge problemlos zu löschen. [(6)](#)

Facebook verstärkt Lobbyarbeit

Facebook will angesichts der harschen Kritik an seiner Datenschutzpolitik seine Lobbyarbeit verstärken. Für Deutschland wird ab April dieses Jahres Gunnar Bender als "Director Policy" die Zügel in die Hand nehmen. Der Jurist hat außer für Bertelsmann schon für AOL und Time Warner gearbeitet. Zuletzt entwickelte er für E-Plus die Sparte "Digital Public Affairs". Auch in Brüssel will Facebook Politiker für sich einnehmen. Dort vertritt bereits seit Oktober letzten Jahres die ehemalige SPD-Europaabgeordnete Erika Mann die Interessen des Internetgiganten. [(7)](#)

Weiterführende Literatur

(1) Reding gefährdet Internet-Wirtschaft
aus Der Kontakter Nr. 04 vom 23.01.2012, S. 17 - 18

(2) EU-Datenschutz lehrt Wirtschaft das Fürchten
aus Horizont 05 vom 02.02.2012 Seite 001

(3) Die Folgen der Datenschutznovelle
aus werben & verkaufen Nr. 04 vom 26.01.2012, S. 48 - 50

(4) Datenschutz: Was das Marketing in Brüssel zu gewinnen hat
aus horizont.net vom 26.01.2012

(5) Datenschutz wird ernst genommen
aus "medianet" Nr. 1528/2012 vom 03.02.2012 Seite: 38

(6) Microsoft-Chef warnt vor Datenschutz-"Überregulierung"
aus "medianet" Nr. 1528/2012 vom 03.02.2012 Seite: 38

(7) Facebook ernennt Chef-Lobbyisten für Berlin
aus Spiegel Online, 01.02.2012

(8) Ministerin Aigner sorgt sich um die Meinungsfreiheit
aus Spiegel Online, 24.01.2012

Impressum

Strengerer Datenschutz - Online-Händler befürchten empfindliche Einkommensverluste

Bibliografische Information der deutschen Nationalbibliothek

Die Deutsche Nationalbibliothek verzeichnet diese Publikation in der deutschen Nationalbibliografie; detaillierte bibliografische Daten sind im Internet über http://dnb.d-nb.de abrufbar.

ISBN: 978-3-7379-0795-8

© 2015 GBI-Genios Deutsche Wirtschaftsdatenbank GmbH, Freischützstraße 96, 81927 München, www.genios.de

Alle Rechte vorbehalten. Dieses Werk ist einschließlich aller seiner Teile – z.B. Texte, Tabellen und Grafiken - urheberrechtlich geschützt. Jede Verwertung außerhalb der Grenzen des Urheberrechtsgesetzes bedarf der vorherigen Zustimmung des Verlags. Dies gilt insbesondere auch für auszugsweise Nachdrucke, fotomechanische

Vervielfältigungen (Fotokopie/Mikroskopie), Übersetzungen, Auswertungen durch Datenbanken oder ähnliche Einrichtungen und die Einspeicherung und Verarbeitung in elektronischen Systemen.